Jean Costanza

# *Nouveau cours de langue*

Apprendre l'italien en 10 jours sans peine

Éditeur:
Books on Demand GmbH
12-14 rond point des Champs Elysées
PARIS, France
Impression: Books on Demand GmbH
Norderstedt, Allemagne
ISBN: 978-2-8106-1413-4
Dépôt légal:février 2011
Frontispice: San Lorenzo à Florence
Photo: Jean Costanza
*Tous droits réservés pour*
*tous les pays.*

# Table de matières

*Le contrôle douanier.* La prononciation.     5

Articles. *Où est la gare?*     10

Substantifs. *La grève.*     17

Adjectifs. *La panne.*     23

Adverbes. *Première rencontre.*     28

Conjugaisons. *La robe de mariée.*     33

Pronoms personnels. *Le voyage de noces.*     40

Autres pronoms. *Arrivée à l'hôtel.*     46

Espace et temps. *Au restaurant.*     52

Prépositions. *Le casino.*     57

Vocabulaire     62

# Premier jour

## *Il controllo doganale / Le contrôle douanier*

Luogo: L'aeroporto Leonardo da Vinci a Roma.
Lieu: L'aéroport Leonardo da Vinci à Rome.
Persone / personnes: un turista / un touriste T,  doganiere / douanier D

D  Il passaporto per favore. Le passeport s'il vous plait.
T  Prego. Voilà !
D  Il passaporto è scaduto. Le passeport est périmé.
T  Ecco la carta d'identità. Voici la carte d'identité. Ho <u>viaggiato</u> molto tempo per tutta la Francia. J'ai <u>voyagé</u> beaucoup de temps par toute la France.  C'è qualcosa di nuovo in Italia? Il y a quelque chose de nouveau en Italie?
D  Non so niente di nuovo. Je ne sais rien de nouveau. Ha qualcosa  da <u>dichiarare</u>? Vous avez quelque chose à déclarer?
T  Non ho niente da dichiarare. Je n'ai rien à déclarer.
D  Apra questa valigia! Ouvrez cette valise! Ora so qualcosa  di nuovo per Lei. Maintenant je sais quelque chose de nouveau pour vous. Deve pagare il dazio per questo! Vous devez payer le douane pour ceci.
T  Ma questo è un regalo. Mais c'est un cadeau.
D  Per chi ? Pour qui?
T  Per Lei. Pour vous.
D  Oh, *La* ringrazio. Oh, je *vous* remercie.
T  Prego, di niente. De rien.

Si qualc<u>o</u>sa ou ni<u>e</u>nte sont suivis d'un substantif, on intercale **di** ( qualcosa **di** nuovo ) ; devant un infinitif on intercale **da** ( qualcosa  **da** dichiarare ).

**Des mots avec soulignage ou italique ont la même signification.**

# La prononciation

Règle générale: en italien on prononce tout ce qui est écrit.

| Voyelles | Explication | Exemple |
|---|---|---|
| a, i | comme en français | |
| e | Le e muet n'existe pas. Il se prononce ouvert ( è ) ou fermé ( é ). Les e qui ne sont pas sous l'accent tonique sont plutôt fermés. | caffè<br>perché<br>parce que |
| o | fermé comme ‚pot' ou ouvert comme ‚porte' Le o tonique final est toujours ouvert. | collare(collier)<br>chiosco<br>Kiosque |
| u | Le u se prononce ( ou ). Il se prononce toujours après un q ou un g | frutta ( fruit )<br><br>questo ( k-ou )<br>guida ( g-ou )<br>guide |

| Consonnes | Explication | Exemple |
|---|---|---|
| c | c se prononce ( k ) comme le son ( c ) du français ‚canard': devant a,o,u ou une consonne | casa (maison)<br>colpa ( faute)<br>cuore (cœur)<br>clima (climat) |
| | si on intercale h devant e et i pour durcir le c | che (ke) quoi<br>chiaro (ki) clair |

|   |   |   |
|---|---|---|
|   | c se prononce (tch):<br>devant e et i | francese (tche)<br>français<br>cibo (tchi)<br>nourriture |
|   | si on intercale i<br>devant a,o,u | ciao (tcha) salut<br>cioccolato<br>chocolat<br>ciuco (tchou )<br>âne |
| g | g se prononce ( gu ) comme<br>le son du français ‚garçon':<br>devant a,o,u ou une<br>consonne | gatto ( chat )<br>gomma ( pneu )<br>guerra (guerre)<br>grazie<br>merci |
|   | si on intercale h devant e et i<br>pour durcir le g | spaghetti (gue)<br>ghirlanda (gui )<br>guirlande |
|   | g se prononce ( dj ):<br>devant e et i | gelato ( glace )<br>giro ( tour ) |
|   | si on intercale i<br>devant a, o, u | giardino<br>jardin<br>giorno (jour)<br>giusto ( juste ) |
| h | la consonne h<br>est toujours muette | hostess<br>hôtesse |
| q | elle existe uniquement<br>suivie de u | quanto ( k-ou )<br>combien de |
| s | doux ( z ) avant<br>les consonnes douces | turismo |

|  |  |  |
|---|---|---|
|  | dur ( s ) avant les consonnes dures | riposta réponse |
| z,zz | dur ( ts, tts ) dans la plupart des cas | grazie (ts) merci piazza (tts) place |
|  | quelque fois doux ( dz, ddz ) | pranzo (dz) déjeuner azzurro ( ddz ) bleu |
| gn | comme en français | agnello agneau |
| gl | devant a, e, o, u comme en français | inglese anglais |
| gli | comme ‚lli' de ‚million' | meglio (mieux ) |
| sc | sc se prononce (sk) devant a,o,u, h | scala (escalier) sconto (rabais) scuola ( école) scherzo plaisanterie |
| sc, sci | sc et sci se prononcent ( ch ) comme le son du français ‚chocolat' dans les cas suivants: sc devant e et i | scendere descendre uscita ( sortie) |

sci devant a, o, u         sciarpa
                           écharpe
                           sciopero
                           grève
                           prosciutto
                           jambon

Une **double consonne** peut changer la signification du mot.
Pour cela il faut prononcer deux fois la consonne, par ex.
capp<u>e</u>llo ( kap-pello )
chapeau
cap<u>e</u>llo (kapello )
cheveu

## L'accentuation

**La plupart des mots italiens sont accentués sur la
seconde syllabe en partant de la fin du mot.** Pour les
mots accentués sur la voyelle finale il y a deux accents:
**L'accent grave** sur o ouvert ou e ouvert, sur le a, i final
et u final par ex: però (mais ), caffè ( café ), città ( ville ).
**L'accent aigu** sur e fermé, par ex: perché ( parce que ).
L'accentuation est indiquée par impression en caractères
grasses ou soulignage.

## Abréviations

Adj. adjectif,              E exemple
Adv. Adverbe                R règle
F facultatif                pl pluriel
f féminin                   sg singulier
m masculin                  pp participe passé


**Apprenez s.v.p. les mots soulignés de <u>acheter</u> à <u>billet.</u>**

# Deuxième jour

## L'article défini

E  Le garçon et l'amie visitent le spectacle et le zoo.
Il ragazzo e l'amica visitano lo spettacolo e lo zoo.
I ragazzi e le amiche visitano gli spettacoli e gli zoo.
Les garçons et les amies visitent les spectacles et les zoos.

R  Devant une consonne: l'article défini **il** ( le ) et **la** ( la )
**il** > **i**  Au pluriel **il** > **i** et **la** > **le**.
Devant une voyelle: l'article défini **l'** ( f m )
**l'** > **le**  Le pluriel de **l'**(f) est **le** (par ex: le amiche)
et l'(m) > gli (par ex: gli amici).
Devant un s + consonne, z, (x, gn, ps): il > **lo**.
**lo** > **gli**  Le pluriel de lo est **gli**.

### F  Emplois de l'article défini

a  Devant les adjectifs possessifs ( **la** mia casa / ma maison ).
b  Devant un prénom féminin ( ho invitato **la** Gina / j'ai invité Gina ).
c  À indiquer l'heure et l'année ( È **l'**una / il est une heure Nel settembre **del** 2009 / en septembre 2009 ).

## L'article défini et noms de parenté

E  Mon frère, mes soeurs et ma chère mère.
Mio fratello, **le** mie sorelle e **la** mia cara mamma.

R  Noms de parenté employés seuls et au singulier: sans article
Noms de parenté au pluriel: avec article
Si le nom de parenté est accompagné d'un adjectif: avec article

## F L'article défini et prépositions

|    | il   | lo    | la    | l'    | i   | gli   | le    |
|----|------|-------|-------|-------|-----|-------|-------|
| di | del  | dello | della | dell' | dei | degli | delle |
| da | dal  | dallo | dalla | dall' | dai | dagli | dalle |
| a  | al   | allo  | alla  | all'  | ai  | agli  | alle  |
| in | nel  | nello | niella| nell' | nei | negli | nelle |
| su | sul  | sullo | sulla | sull' | sui | sui   | sulle |

## L'article indéfini

E 1    Un garçon et une amie visitent
un spectacle et un zoo.
**Un** ragazzo e **un'**amica visitano
**uno** spettacolo e **uno** zoo.

R **un:** L'article indéfini est **un** ( un ) et **una** ( une ).
**un':** Devant une voyelle una devient **un'**.
**uno:** Devant s+consonne, z, (x, gn, ps): un devient **uno**.

E 2    Des garçons et des amies visitent
des spectacles et des zoos.
**Dei** ragazzi e **delle** amiche visitano
**degli** spettacoli e **degli** zoo.

R     di + i > **dei**
di + le > **delle**
di + gli > **degli**

## La parole aller /andare avec prépositions

E    Je vais chez Claudia; nous allons en voiture en Suisse
et après à Rome, où nous allons dans une pizzeria.
Vado **da** Claudia; andiamo **in** macchina **in**
Svizzera e dopo **a** Roma, dove andiamo **in**
pizzeria.

R **da** Claudia: personnes: andare **da**
**in** macchina: moyen de transport: andare **in**
**in** Svizzera: pays: andare **in**
**a** Roma: lieux: andare **a**
**in** pizzeria: magasins avec la terminaison -ia: andare **in**

## La négation

E   Je ne vais pas à X., parce que cette ville ne me plait pas.
**Non** vado a X., perché quella città **non** mi piace.

R   On emploie le mot **non** pour la négation. **Non** précède le verbe ( **non** vado ) ou le pronom ( **non** mi piace ).

Autres formes de négation:

Je ne vais jamais à X.
**Non** vado **mai** a X.
Je ne vais plus à X.
**Non** vado **più** a X.
Je ne vais jamais plus à X.
**Non** vado **mai più** a X.
Je ne vois personne.
**Non** vedo **nessuno**.
Je ne vois rien.
**Non** vedo **niente**.

### F   L'adverbe solo / soltanto

En italien à la forme française ne ... que correspond **l'adverbe solo / soltanto**, par ex.
Je n'ai que ce chapeau-ci .
Ho **solo** questo cappello.

## Conjugaison des auxiliaires avere / avoir et essere / être

| | | |
|---|---|---|
| Présent<br>1 j'ai<br>2 je suis | ho (1)<br>hai<br>ha<br>abbiamo<br>avete<br>hanno | sono (2)<br>sei<br>è<br>siamo<br>siete<br>sono |
| Participe passé<br>1 eu  2 été | avuto (1) | stato (2) |
| **F** Imparfait<br>1 j'avais<br>2 j'étais | avev-o (1)<br>-i<br>-a<br>-amo<br>-ate<br>avev-ano | er-o (2)<br>-i<br>-a<br>erav-amo<br>erav-ate<br>er-ano |
| **F** Futur simple<br>1 j'aurai<br>2 je serai | av-rò (1)<br>-rai<br>-rà<br>-remo<br>-rete<br>-ranno | sa-rò (2)<br>-rai<br>-rà<br>-remo<br>-rete<br>-ranno |
| **F** Conditionnel<br>1 j'aurais<br>2 je serais | av-rei (1)<br>-resti<br>-rebbe<br>-remmo<br>-reste<br>-rebbero | sa-rei (2)<br>-resti<br>-rebbe<br>-remmo<br>-reste<br>-rebbero |

## Nombres cardinaux

0 zero
1 uno
2 due
3 tre
4 quattro
5 cinque
6 sei
7 sette
8 otto
9 nove
10 dieci

11 **undici**
12 **dodici**
13 **tredici**
14 **quattordici**
15 **quindici**
16 **sedici**
17 dicias**sette**
18 dici**otto**
19 dician**nove**
20 venti

21 venti-uno > vent**uno**
22 venti**due**
28 venti-otto > vent**otto**
29 venti**nove**
30 trenta
40 quaranta
50 cinquanta
60 sessanta
70 settanta
80 ottanta
90 novanta
100 cento ( cento est invariable )
200 duecento
1 000 mille ( mille devient mila au pluriel )
2 000 duemila
10 000 diecimila
100 000 centomila
1 000 000 un milione

## Nombres ordinaux et nombres fractionnaires

1 er,re         il primo, la prima
2 e             secondo
3 e             terzo     un tiers: un terzo
4 e             quarto    un quart: un quarto
5 e             quinto    un cinquième: un quinto
6 e             sesto
7 e             settimo
8 e             ottavo
9 e             nono
10 e            decimo    un dixième: un decimo

A partir de 11e il y a la règle suivante: Les nombres cardinaux + esimo > les nombres ordinaux. Élision de la voyelle finale des nombres cardinaux, parce que le premier son de -esimo est une voyelle, par ex.
11 e  undici -esimo > undicesimo
12 e  dodici -esimo > dodicesimo
Exception: Si les nombres cardinaux se terminent en -tre il n'y a pas l'élision de la voyelle finale, par ex.
23 e  ventitreesimo

## Demander l'heure

Quelle heure est-il?   Che ore sono?
1.05    È l'una e cinque
        Sono le                 7.35  sette e trenta cinque
2.10    due e dieci             8.40  nove meno venti
3.15    tre e un quarto         9.45  dieci meno un quarto
4.20    quattro e venti         10.50 undici meno dieci
5.25    cinque e venticinque    11.55 dodici meno cinque
6.30    sei e mezza             12.00 dodici

**Apprenez s.v.p. les mots soulignés de boire à citronnade.**

## *Dov'è la stazione? / Où est la gare?*

Luogo: Milano  Lieu: Milan
Persone / personnes: un turista / un touriste T, una passante
une passante P

T  Scusi, signora, dov'è la stazione? Pardon, madame, où est la gare?
P  Nel centro città. Au centre de la ville.
T  <u>Ci</u> posso andare a piedi? Je peux <u>y</u> aller à pieds?
P  Non è possibile, perché è troppo lontano. Ce n'est pas possible, parce que c'est trop loin. La stazione dista 10 km da qui. La gare est à une distance de 10 km d'ici.
T  Mi può spiegare, come ci posso andare? Vous pouvez m'expliquer, comment je peux y aller?
P  Preferisce l'autobus, il tram o la metro? Vous préférez l'autobus, le tramway ou le métro? Tutti e tre vanno alla stazione. Tous les trois vont à la gare.
T  È lo stesso. Ça m'est égal. Dove sono la fermata dell' autobus e del tram e la stazione della metro? Où est l'arrêt d'autobus et du tramway et la station de métro?
P  Lì vede la fermata dell'autobus. Là-bas vous voyez l'arrêt d'autobus.
T  In che direzione va il bus? Dans quelle direction va l'autobus?
P  Da destra a sinistra. De droite à gauche.
T  Quale autobus va alla stazione? Quel autobus va à la gare?
P  Penso che sia il numero 5. Je pense que c'est le numéro cinq.
T  Quante fermate ci sono fino alla stazione? Il y a combien d' arrêts jusqu' à la gare?
P  Mi dispiace, non <u>lo</u> so. Désolée, je ne <u>le</u> sais pas.
T  Non fa niente. Ça ne fait rien. Molte grazie, signora. Merci beaucoup, madame.

# Troisième jour

## Substantifs

### Le pluriel

E   Le garçon aime l'amie pendant la nuit.
     Il ragazzo ama la ragazza durante la notte.
pl  I ragazzi amano le ragazze durante le notti.

R  **o > i:**  Les noms terminés en **-o** font leur pluriel pour la plupart en **-i**. Ils sont le plus souvent masculins.
    **a > e:**  Les noms terminés en **-a** font leur pluriel pour la plupart en **-e**. Ils sont le plus souvent féminins.
    **e > i:**  Les noms terminés en **-e** font leur pluriel pour la plupart en **-i**. Ils sont masculins ou féminins.

R  Les noms de villes sont au féminin en italien.

### Substantifs invariables au pluriel

E   Sur la photographie on voit le tram dans la ville.
     Sulla **foto** si vede il **tram** nella **città.**
pl  Sulle **foto** si vedono i **tram** nelle **città.**

R  Au pluriel sont invariables:
    1. Abréviations: la **foto**(grafia) > le **foto**
    2. Les mots terminés par une consonne:
       il **tram** > i **tram**
    3. Les mots accentués sur la voyelle finale:
       la **città** > le **città**
    4. Les mots terminés en **-i** ou **-ie**:
       la **crisi** ( la crise ) > le **crisi**
       la **serie** ( la série ) > le **serie**

## Pluriel irrégulier

E 1 Le fils mange l'orange et porte la valise.
Il figlio mangia l'arancia e porta la valigia .
pl I figli mangiano le arance e portano le valige .
R **io > i:** Les noms terminés en -**io** (-i atone) font leur pluriel en -**i**.
  **cia > ce:** Les noms terminés en -**cia** (-i atone) font leur pluriel en -**ce**.
  **gia > ge:** Les noms terminés en -**gia** (-i atone) font leur pluriel en -**ge**.

E 2 Le pilote ivre est un problème pour le touriste.
Il pilota ubriaco è un problema per il turista.
pl I piloti ubriachi sono un problema per i turisti.
R **a > i:** Les noms masculins terminés en -**a** font leur pluriel en -**i**.
  **ista >** Les noms terminés en -**ista** font leur pluriel
  **isti** en -**isti** (m) ou en -**iste** (f ).

## Intercalation de h

E L'allemande et la collègue
  regardent le bois et le lac.
  La tedesca e la collega guardano il bosco e il lago
pl Le tedesche e le colleghe guardano i boschi e i laghi
R **Les mots terminés en ca, ga, co, go ont une intercalation de h au pluriel pour garder la prononciation dure.**
  Exceptions, par ex.
1. L'amico / l'ami pl gli amici.
2. Les mots terminés en -co et -go accentués sur la troisième syllabe font leur pluriel en -ci et -gi.
   il medico / le médecin pl i medici
   il psicologo / le psycologue pl i psicologi

## F Substantifs: singulier ( m ) pluriel ( f )

| | | |
|---|---|---|
| sourcil | il ciglio | le ciglia |
| oreille | l'orecchio | le orecchie |
| lèvre | il labbro | le labbra |
| bras | il braccio | le braccia |
| doigt | il dito | le dita |
| genou | il ginocchio | le ginocchia |
| os | l'osso | le ossa |
| paire | il paio | le paia |
| oeuf | l'uovo | le uova |

Attention: mano ( main ) est féminin avec une terminaison masculine au singulier et au pluriel:
la mano   pl   le mani

## F Conjonctions

même si / anche se                            anche se è tardi /
                                              même si c'est tard
jusqu'à ce que / finché            Aspetta finché torno.
                   Attends jusqu'à ce que je revienne.
puisque / siccome    siccome è freddo / puisque c'est froid
vu que / visto che           visto che piove / vu qu' il pleut
pour que / perché  perché tu lo sappia / pour que tu le saches
ou bien / oppure    Dov'è l'ambasciata oppure il consolato?
                    Où est l'ambassade ou bien le consulat?
ni … ni / né…né                      né qui né lì / ni ici ni là
entre / tra, fra           fra le 7 e le 10 / entre 7 e 10 heures
         tra la piazza e il duomo / entre la place et le dôme
quand / quando               Mangio quando sono alle 7.
                       Je mange quand il est sept heures.
si / se           Vengo alle 11 se l'aereo parte in orario.
           Je viens à 11 heures si l'avion part à l'heure.

## F  Traduction de y, il y a et en

**Y** se traduit par **ci** ou **vi** ( rarement ).
Tu étais jamais en Italie? Sei stato mai in Italia?
Je n'y étais jamais. Non **ci** sono mai stato.
Tu penses souvent à Rome? Pensi spesso a Roma?
Oui, j'**y** pense souvent. Sì, **ci** penso spesso.

**Il y a** se traduit par **c'è** ( + nom singulier ) ou **ci sono**
( + nom pluriel ). **Il y a** un livre. **C'è** un libro.
**Il y a** deux livres. **Ci sono** due libri.
Pourquoi tu vas à Rome? Perché vai a Roma?
**Il y a** le Pape et beaucoup des attractions touristiques et quelques amis. **C'è** il Papa e **ci sono** molti attrazioni e **c'è** qualche amico.
R   Qualche  est toujours au singulier, par ex.
    qualche giorno / quelques jours

Le pronom ‚**en**' se traduit toujours par ‚**ne**'.
Tu as envie de danser? Hai voglia di ballare?
J'**en** ai envie. **Ne** ho voglia.
Tu prends combien des journaux? Quanti giornali prendi?
J'**en** prends deux. **Ne** prendo due.

## Les jours de la semaine

Quel jour sommes- nous? Che giorno è ?

| | |
|---|---|
| lundi | lunedì |
| mardi | martedì |
| mercredi | mercoledì |
| jeudi | giovedì |
| vendredi | venerdì |
| samedi | sabato |
| dimanche | domenica |

## Les mois

janvier gennaio
février febbraio
mars marzo
avril aprile
mai maggio
juin giugno

juillet luglio
août agosto
septembre settembre
octobre ottobre
novembre novembre
décembre dicembre

## Date du jour

Le combien sommes-nous aujourd'hui? Quanti ne abbiamo oggi? Nous sommes le premier janvier. È il primo gennaio.
Nous sommes le deux février. È il due febraio.
L'italien indique le $1^{er}$ du mois par un nombre ordinal et les autres jours par un nombre cardinal ( comme en français ).

## Verbes irréguliers

dare / donner
Présent:  do, dai, dà, diamo, date, danno
pp:  dato
**F** Conditionnel: darei

sapere / savoir
Présent: so, sai, sa, sappiamo, sapete, sanno
pp:  saputo
**F**  Conditionnel:  saprei

stare: rester, être, se trouver
Présent: sto, stai, sta, stiamo state, stanno
pp: stato
**F**  Conditionnel:  starei

**Apprenez s.v.p. les mots soulignés de <u>clef</u> à <u>étage</u>**

## *Lo sciopero / La grève*

Luogo: La stazione centrale di Milano
Lieu: La gare de Milan
Persone: un turista T, un impiegato / un employé E


T ( davanti allo sportello / devant le guichet ): Quando parte il prossimo treno per Roma? Quand part le prochain train pour Rome?
E Non lo so. Je ne le sais pas. Invece dell'orario abbiamo da ieri uno sciopero. Au lieu de l'horaire nous avons depuis hier une grève .
T Da che binario parte il treno? De quel quai part le train?
E Dal binario sei. Du quai six.
T È necessario cambiare? Je dois changer?
E Sì, deve cambiare a Firenze a causa dello sciopero. Oui, vous devez changer de train à Florence par suite de la grève.
T Quanto dura il viaggio? Combien de temps dure le voyage?
E Normalmente tre ore e mezza ma oggi per lo sciopero sette ore. Normalement trois heures et demi, mais aujourd'hui par suite de la grève sept heures.
T Quanti giorni è durato lo sciopero l'ultima volta? Combien de jours la grève a duré la dernière fois?
E Non lo so più. Je ne le sais plus.
T C'è una carrozza cuccette? Il y a un wagon couchettes?
E Sì, ma per lo sciopero solo fino a Firenze. Oui, mais par suite de la grève seulement jusqu'à Florence.
T Vorrei prenotare una cuccetta e un posto al finestrino di seconda classe, andata e ritorno, il ritorno senza sciopero. Je voudrais réserver une couchette et un coin fenêtre en seconde classe, aller - retour, le retour sans grève.

# Quatrième jour

## Adjectifs

**L'adjectif s'accorde en genre et en nombre avec le nom qu'il accompagne ( comme en français ).**
Les adjectifs font leur pluriel comme les substantifs.

**F Les adjectifs quantitatifs**: en français avec la préposition ‚de', en italien sans préposition, par ex. combien de / quanto; peu de / poco; beaucoup de / molto; tant de / tanto; trop de / troppo

**F** Il y a des **adjectifs avec des significations différentes** selon qu'ils sont placés avant ou après le nom, par ex. una cara signora / une chère femme, un regalo caro / un cadeau cher; diversi farmaci / plusieurs médicaments, farmaci diversi / différents médicaments .

### Bello, buono et quello devant substantifs

E   Le garçon et la fille sont contents
après un beau film ou un bon concert.
Il ragazzo e la ragazza sono contenti
dopo un **bel** film o un **buon** concerto.

**bel** film:
R Devant un substantif le mot ‚bello' a la même terminaison comme l'article défini
   il film > bel film
**buon** concerto:
R Devant un substantif le mot ‚buono' a la même terminaison comme l'article indéfini.
   un concerto > buon concerto

R Devant un substantif le mot ‚quello' a la même
terminaison comme l'article défini:
il ragazzo > quel ragazzo, i ragazzi > quei ragazzi
lo spettacolo > quello spettacolo
gli spettacoli > quegli spettacoli

## F  Abréviations des adjectifs

E  La visite de Saint Pierre me fait une grande joie.
La visita di **San** Pietro mi fa una **gran** gioia.

R  **San** Pietro:
**Santo** / saint peut être abrégé > **San**, devant voyelles >
Sant' ( Sant'Antonio)
**gran** gioia:
**grande** / grand peut être abrégé > **gran**, devant
voyelles > grand' ( grand'amore)

## Comparaison régulière des adjectifs

Comparaison des adjectifs: par '**più**'
**bella** belle
**più bella** plus belle
**la più bella** la plus belle
la fille la plus belle / la ragazza più bella.
En italien le superlatif perd son article après un nom avec article.
Eva è bellissima. Eva est très belle.
Radical de l'adjectif (bell) + issimo(a) > **bellissimo(a)**

## F  Le comparatif d'égalité

E  Parigi è **così** bella **come** Roma.
Paris est aussi belle que Rome.
Carlo ha **tanto** denaro **quanto** Luigi.
Carlo a autant d'argent que Luigi.

# Le comparatif de supériorité et d'infériorité

E  Claudia è **più** bella **di** Pia. Claudia est plus belle que Pia.
Claudia è **meno** intelligente **di** Pia. Claudia est moins intelligente que Pia.

R  Lorsqu'on compare deux qualités d'une même personne ou chose il faut employer ‚che'.

E  Claudia è **più** bella **che** intelligente. Claudia est plus belle que intelligente.
Il vestito di Claudia è **più** lilla **che** blu. La robe de Claudia est plus lilas que bleue.

## F  Comparatifs et superlatifs irréguliers

| | | |
|---|---|---|
| buono<br>bon | **migliore**<br>più buono | **ottimo**<br>buonissimo |
| cattivo<br>mauvais | **peggiore**<br>più cattivo | **pessimo**<br>cattivissimo |
| grande<br>grand | **maggiore**<br>più grande | **massimo**<br>grandissimo |
| piccolo<br>petit | **minore**<br>più piccolo | **minimo**<br>piccolissimo |
| alto<br>haut | **superiore**<br>più alto | **sommo**<br>altissimo |
| basso<br>bas | **inferiore**<br>più basso | **infimo**<br>bassissimo |

L'emploi de la **forme irrégulière** est **facultatif**.

**F** Adjectifs contraires
âgé / jeune anziano / giovane; vieux / nouveau vecchio / nuovo; bon marché / cher  a buon mercato / caro; large / étroit largo / stretto; dehors / dedans / fuori / dentro; premier / dernier primo / ultimo; libre / occupé libero / occupato; tôt / tard presto / tardi; bon / mauvais buono / cattivo;  grand / petit grande / piccolo; dur / mou duro / molle; clair / sombre chiaro / scuro; chaud / froid caldo / freddo; ici / là  qui / là; haut / bas alto / basso;  en haut / en bas  su / giù; derrière / devant dietro / davanti; facile / difficile facile / difficile; léger / lourd  leggero / pesante; long / court  lungo / corto; à gauche / à droite a sinistra / a destra; bruyant / silencieux rumoroso / silenzioso;  après / avant de dopo / prima di; voisin / lointain  vicino / lontano; au - dessus / au - dessous di sopra / di sotto; ouvert / fermé aperto / chiuso; juste / faux giusto / sbagliato; rapide / lent rapido / lento;  beau / laid bello / brutto; fort / faible  forte / debole;  doux / acide dolce / acido; noir / blanc  nero / bianco;  sec / mouillé  secco / bagnato; sur / sous  sopra / sotto;  plein / vide pieno / vuoto.

## Se présenter et présenter d'autres personnes
Ciao, mi chiamo Carlo. Salut, je m'appelle Carlo.
Piacere, mi chiamo Eva. Enchantée, je m'appelle Eva.
Buonasera, signor (1) Visconti. Bonsoir, monsieur Visconti.
Buonasera, signori Rossi ( 2 ). Bonsoir madame, monsieur Rossi. Vi presento il signor Celli ( 3 ). Je vous présente monsieur Celli.
1 Devant un nom propre signore devient signor.
2 On s'adresse à un couple en disant 'signori' ( pl de signore ) pour dire madame, monsieur.
3 Signor est précédé de l'article lorsque l'on ne s'adresse pas à la personne.

**Apprenez s.v.p. les mots soulignés de <u>être</u> à <u>heureux</u>.**

## *Il guasto all'automobile / La panne*

Luogo: la città di Firenze. Lieu: la ville de Florence.
Persone: un turista T, passante P, impiegato / employé E, meccanico / mécanicien M

T  Dov'è l'officina più vicina? Où est le garage le plus proche?
P  ( ridendo / en riant ) Cinque metri dietro di Lei. Cinq mètres derrière vous.
E  Buongiorno, che c'è? Bonjour, qu'est-ce qu'il y a?
T  Può controllare la mia macchina? Vous pouvez contrôler ma voiture? Si è fermata e <u>non</u> parte <u>più</u>. Elle s'est arrêtée et <u>ne</u> démarre <u>plus</u>.
E  Dove si è fermata? Où s'est elle arrêtée?
T  Esattamente davanti all'officina. Exactement devant le garage.
E  Bravo, è una macchina brava! Bravo, c'est une brave voiture. Per favore la chiave della macchina. S'il vous plait la clef de la voiture. Mentre il mio meccanico controlla la macchina Lei può bere un caffè. Pendant que mon mécanicien contrôle la voiture, vous pouvez boire un café.
*Il meccanico ritorna dopo 5 minuti. Le mécanicien retourne dans 5 minutes.*
T  Come mai la macchina non parte più? Pourquoi la voiture ne démarre plus?
M  Indovini un po'. Devinez un peu.
T  Lo starter è guasto? Le démarreur ne fonctionne pas?
M  No. Non.
T  L'accensione non funziona? L'allumage ne fonctionne pas?
M  No.
T  La batteria è scarica? La batterie est déchargée?
M  No, ma il serbatoio della benzina è vuoto. Non, mais le réservoir d'essence est vide.

# Cinquième jour

## Adverbes

E 1 La fille heureuse sourit heureusement.
   La ragazza felice ride felicemente.
R  felice > felicemente: Les adjectifs en **-e**:
   L'adjectif ( felice ) + mente > adverbe
   ( felicemente ).
E 2 La fille gentille salue gentiment.
   La ragazza gentile saluta gentilmente.
R  gentile > gentilmente: Les adjectifs en **-le** et **-re**:
   L'adjectif sans e final (gentil) + mente >
   adverbe (gentilmente)
E 3 Le garçon lent mange lentement.
   Il ragazzo lento mangia lentamente.
R  lento > lentamente: Les adjectifs en **-o**:
   L'adjectif au féminin (lenta) + mente >
   adverbe (lentamente)

## Le mot si / on

E   Quand on est malade on peut prendre des différents médicaments .
    Quando si è malati si possono assumere farmaci diversi.
R   Si + essere + adjectif: L'adjectif a toujours la terminaison **-i**.
    **Après si le verbe est au pluriel ( si possono ), si le substantif est au pluriel ( farmaci ).**

E   On se voit souvent.
    **Ci** si vede spesso.
R   Si / on avant si / se devient **ci**.

**F  Quand on est malade…   Quando si è malati …**
Il y a une pharmacie / un médecin au voisinage?  C'è una farmacia / un medico qui vicino?

**Je suis …**                                   **Sono …**

allergique à …                                  allergico a
vacciné contre                                  vaccinato contro
je me suis évanoui                              svenuto
tombé                                           caduto
constipé                                        costipato
enceinte de … mois                              incinta di … mesi
diabétique                                      diabetico(a)

**J'ai …**                                      **Ho …**

mal à la tête                                   il mal di testa
mal aux oreilles                                il mal d'orecchie
mal à la gorge                                  il mal di gola
mal au dos                                      il mal di schiena
maux d'estomac                                  il mal di stomaco
mal au ventre                                   il mal di pancia
un refroidissement                              un raffredore
de la fièvre                                    la febbre
la toux                                         la tosse
une indigestion                                 un'indigestione
la diarrhée                                     la diarrea
eu des vomissements                             vomitato
une tension élevée  / basse                     la pressione alta / bassa
un torticolis                                   il torcicollo
des douleurs ici                                dei dolori qui
la nausée                                       la nausea
troubles circulatoires                          i disturbi circolatori
des vertiges                                    le vertigini
une douleur dans la poitrine                    un dolore nel torace

## Verbes irréguliers

dire / dire
Présent: dico, dici, dice, diciamo, dite, dicono
pp: detto
F Conditionnel: direi

fare / faire
Présent: faccio, fai, fa, facciamo, fate, fanno
pp: fatto
F Conditionnel: farei

potere / pouvoir
Présent: posso, puoi, può, possiamo, potete, possono
pp: potuto
F Conditionnel: potrei

volere / vouloir
Présent: voglio, vuoi, vuole, vogliamo, volete, vogliono
pp: voluto
Conditionnel: vorrei

**Apprenez s.v.p. les mots de <u>hôpital</u> à <u>maladie</u>.**

## *Primo incontro / Première rencontre*

Luogo: Piazza del mercato a Capri. Place du marché
à Capri. Davanti a un albergo. Devant un hôtel.
Accanto all'entrata due valige. Près de l'entrée
deux valises.
Persone: una turista / une touriste F,
un turista / un touriste M


M  Il tempo è bello. Le temps est beau.
F  Sì, fa bel tempo. Oui, il fait beau temps.
M  Come sono le previsioni del tempo per domani?
   Quelles sont les prévisions météo pour demain?
F  Non ho visto la televisione. Je n'ai pas vu la télévision.
M  Lei di dov'è, signora? D'où venez-vous, madame?
F  Sono di Roma. Je suis de Rome.
M  Che sorpresa, anch'io. Quelle surprise, moi aussi. Mi
   chiamo Tino Baci. Je m'appelle Tino Baci.
F  ( sorridendo / en souriant ) Piacere. Enchantée.
M  Lei si chiama? Comment vous appelez-vous ?
F  Gina Borelli.
M  Ha trovato un buon albergo? Vous avez trouvé un
   bon hôtel?
F  Sì, quel albergo là. Oui, cet hôtel là.
M  Che sorpresa, anch'io sono in quest'albergo. Quelle
   surprise, je suis aussi dans cet hôtel. È la prima volta a
   Capri? C'est la première fois, que vous êtes à Capri?
F  No, è la terza volta. Non, c'est la troisième fois.
M  È qui con la famiglia? Vous êtes ici avec la famille?
F  No, sono sola. Non, je suis seule.
M  Anch'io. Moi aussi. Sono arrivato stamattina. Je suis
   arrivé ce matin. Quando è arrivata? Quand êtes - vous
   arrivée?
F  Otto giorni fa. Il y a huit jours.

M Quanto rimane? Combien de temps restez-vous ?
F Sto partendo. Je suis en train de partir. Ecco là le mie valige. Voilà mes valises. Aspetto il taxista per andare al porto. J'attends le chauffeur de taxi pour aller au port.
M Che peccato! Dommage! <u>Ci</u> possiamo incontrare a Roma? Nous pouvons <u>nous</u> rencontrer a Rome? Andiamo al cinema? Nous allons au cinéma?
F Non mi interesso di cinema. Je ne m'intéresse pas au cinéma.
M Andiamo in una discoteca? Nous allons à une discothèque?
F Non ho voglia di andare in discoteca. Je n'ai pas envie d'aller à une discothèque.
M Di che cosa si occupa nel Suo tempo libero? De quoi vous occupez-vous dans votre temps libre?
F Il mio hobby è l'opera. Mon hobby est l'opéra.
M È anche il mio hobby. C'est aussi mon hobby. Ha tempo domenica il sei settembre ? Vous avez du temps dimanche le six septembre?
F Un momento, devo vedere nell'agenda. Un moment, je dois regarder mon agenda. Sì, la sera è libera. Oui, le soir est libre.
M ( compone un numero di telefono / compose un numéro de téléphone ) : Tino Baci, cosa c'è in programma il sei settembre. Quel programme y a-t-il le six septembre? Oh, una première. Oh, une première. Chi è il solista? Qui est le soliste? Oh, Placido Domingo. Ci sono ancora due biglietti? Il y a encore deux billets? Che fortuna, vorrei prenotare due posti in galleria. Quelle chance, je voudrais réserver deux places au balcon. Molte grazie, signora. Merci beaucoup, madame.
F Cosa danno all'opera? Qu'est-ce qu'on joue à l'opéra?
M ( sorridendo / en souriant ): Le nozze di Figaro. Le mariage du Figaro.

# Sixième jour

## La conjugaison régulière ( Présent )

| Verbe | Radical | Conjugaison | |
|---|---|---|---|
| amare | am- | am-o | j'aime |
|  |  | -i |  |
|  |  | -a |  |
|  |  | -iamo |  |
|  |  | **-ate** |  |
|  |  | am- ano |  |
| vendere | vend- | vend-o | je vends |
|  |  | -i |  |
|  |  | -e |  |
|  |  | -iamo |  |
|  |  | **-ete** |  |
|  |  | vend-ono |  |
| partire | part- | part-o | je pars |
|  |  | -i |  |
|  |  | -e |  |
|  |  | -iamo |  |
|  |  | **-ite** |  |
|  |  | part-ono |  |

R  1re personne sg: toujours -o
   2e personne sg: toujours -i
   1re personne pl: toujours -iamo


F  Les mots terminés en -are / -gare ont une **intercalation de h** pour garder la prononciation dure, par ex:

cercare / chercher

| | |
|---|---|
| cerco | cerchiamo |
| cerchi | cercate |
| cerca | cercano |

# F Imparfait Futur Conditionnel

amare / aimer, vendere / vendre, partire / partir

|  | Radical | Terminaison -are | -ere | -ire | Conjugaison |
|---|---|---|---|---|---|
| Imparfait | am- | av |  |  | amavo (1) |
| 1 j'aimais | vend- |  | ev |  | vendevo (2) |
| 2 je vendais | part- |  |  | iv | partiv -o (3) |
| 3 je partais |  |  |  |  | -i |
|  |  |  |  |  | -a |
|  |  |  |  |  | -amo |
|  |  |  |  |  | -ate |
|  |  |  |  |  | partiv -ano |

| | | | | | |
|---|---|---|---|---|---|
| Futur | am- | e |  |  | amerò (1) |
| 1 j'aimerai | vend- |  | e |  | venderò (2) |
| 2 je vendrai | part- |  |  | i | parti-rò (3) |
| 3 je partirai |  |  |  |  | -rai |
|  |  |  |  |  | -rà |
|  |  |  |  |  | -remo |
|  |  |  |  |  | -rete |
|  |  |  |  |  | parti-ranno |

| | | | | | |
|---|---|---|---|---|---|
| Conditionnel | am- | e |  |  | amerei (1) |
| 1 j'aimerais | vend- |  | e |  | venderei (2) |
| 2 je vendrais | part- |  |  | i | parti-rei (3) |
| 3 je partirais |  |  |  |  | -resti |
|  |  |  |  |  | -rebbe |
|  |  |  |  |  | -remmo |
|  |  |  |  |  | -reste |
|  |  |  |  |  | parti-rebbero |

## Le passé composé

| Radical | Terminaison -are | -ere | -ire | Participe passé |
|---|---|---|---|---|
| am- | **ato** | | | ho am**a**to (1) |
| vend- | | **uto** | | ho vend**u**to (2) |
| part- | | | **ito** | sono part**i**to (3) |

1 j'ai aimé    2 j'ai vendu    3 je suis parti

## Le passé composé avec bessere

E    Le garçon est parti.
     Il ragazzo è part**i**to.
     La ragazza è part**i**ta.
     I ragazzi sono part**i**ti.
     Le ragazze sono part**i**te.

R    **Le passé composé avec essere: la terminaison du participe passé s'accorde avec le sujet.**

F    Les **verbes pronominaux** prennent toujours l'**auxiliaire essere** ( comme en français ), par ex.
     mi sono informato / je me suis informé

F    Comme en français la plupart des **verbes de mouvement** prennent l'**auxiliaire essere,** par ex.
     and**a**re ( aller ), arriv**a**re ( arriver ), entr**a**re ( entrer ), usc**i**re ( sortir ), part**i**re ( partir ), torn**a**re ( retourner ).

F    Les **verbes d'état** et les **verbes à la forme passive** prennent l'**auxiliaire essere** à la place du français avoir, par ex.
     sono stato / j'ai été, sono viss**u**to / j'ai vécu,
     la radio è stata ripar**a**ta / la radio a été réparée.

E  Cela ne m'a pas plu que le concert **ait** duré peu de temps et quand même le billet **a** coûté cher, basta.
Non mi è piaciuto che il concerto è durato poco tempo e malgrado ciò il biglietto è costato molto, basta.
Certains verbes prennent **l'auxiliaire essere à la place du français avoir**, par ex.
piacere ( plaire ), durare ( durer ), costare ( coûter ), bastare ( suffire ).

## Le passé composé avec avere

R  **Le passé composé avec avere: la terminaison du participe passé est invariable.**

E  Tino ha telefonato, Gina ha telefonato.

F  Les verbes
dovere ( devoir ) potere ( pouvoir )
sapere ( savoir ) volere ( vouloir )
prennent **l'auxiliaire de l'infinitif suivant**, par ex:
J'ai du voyager.
**Ho** dovuto viaggiare, parce qu' on dit: ho viaggiato.
J'ai du retourner.
**Sono** dovuto ritornare, parce qu' on dit: **sono** ritornato.

## Le participe passé irrégulier

E  L'auteur a dit: J'ai écrit, rédigé, corrigé et lu ce roman et en fait un succès.
L'autore ha detto: Ho scritto, redatto, coretto e letto questo romanzo e ne ho fatto un successo.

R  Quelques verbes font le participe passé avec la terminaison **-tto,** par ex. dire / dire, scrivere / écrire, redigere / rédiger, correggere / corriger, leggere / lire, fare / faire

# Le gérondif et l'impératif

|Verbe|Radical|-are|-ere|-ire|
|---|---|---|---|---|

Gérondif

| amare | am- | **ando** | | | am**ando** (1) |
| vendere | vend- | | **endo** | | vend**endo** (2) |
| partire | part- | | | **endo** | part**endo** (3) |
| 1 aimant | 2 vendant | 3 partant |

### L'impératif (vouvoiement)

| scusare | scus- | **i** | | | scus**i** (1) |
| vendere | vend- | | **a** | | vend**a** (2) |
| partire | part- | | | **a** | part**a** (3) |
| 1 excusez! | 2 vendez! | 3 partez! |

### L'impératif (tutoiement)

| scusare | scus- | **a** | | | scus**a** (1) |
| vendere | vend- | | **i** | | vend**i** (2) |
| partire | part- | | | **i** | part**i** (3) |
| 1 excuse! | 2 vends! | 3 pars! |

L'impératif négatif de la 2e personne du singulier est formé avec l'infinitif précédé de non:
Ne parle pas / non parlare

## Conjugaison du verbe riposarsi / se reposer

**mi** riposo
**ti** riposi
**si** riposa
**ci** riposiamo
**vi** riposate
**si** riposano

Les verbes pronominaux en italien ne le sont pas forcément en français, par ex: godersi / jouir
Lorsque le verbe est à l'infinitif le pronom -si se place derrière le verbe, par ex. se divertir / divertirsi

## Conjugaison du verbe capire / comprendre

capisc-o       cap-iamo
capisc-i       cap-ite
capisc-e       capisc-ono

sg et 3e pers. pl: intercalation de **-isc**

E   Si vous ne comprenez pas, comment on nettoie, je préfère, que vous finissiez la chose.
    Se non capisce, come si pulisce, preferisco che finisca la cosa.
R   **Quelques verbes font la conjugaison avec l'intercalation de -isc,** par ex.
    capire / comprendre, pulire / nettoyer, preferire / préférer, finire / finir.

## Verbes irréguliers

andare   aller
Présent: vado, vai, va, andiamo, andate, vanno
pp: andato
**F** Conditionnel: andrei

uscire   sortir
Présent: esco, esci, esce, usciamo, uscite, escono
pp: uscito
**F** Conditionnel: uscirei

**Apprenez s.v.p. les mots de <u>manger</u> à <u>orange</u>.**

## *L'abito da sposa / La robe de mariée*

Luogo: Un negozio di abbigliamento a Roma.
Une maison de confection à Rome.

Persone: Gina G, venditrice / vendeuse V

V  Posso aiutarla? Puis -je <u>vous</u> aider?
G  Mi può mostrare un abito da sposa? Est-ce que vous pourriez me montrer une robe de mariée?
V  Può descrivermi l'abito, che desidera? Vous pouvez décrire la robe que vous désirez?
G  Desidero un abito elegante e tradizionale. Je désire une robe élégante et traditionnelle.
V  Di che colore? De quelle couleur?
G  Vorrei qualcosa di bianco però più sul beige che bianco. Je voudrais quelque chose en blanc, mais plus beige que blanc.
V  Questo è elegante e tradizionale.
   Celle-ci est élégante et traditionnelle.
G  Posso provarlo? Je peux l'essayer?
V  Ecco la cabina di prova. Voìci la cabine d'essayage.
G  ( sta davanti allo specchio e guarda felice la sua immagine riflessa / est debout devant le miroir et regarde heureuse son reflet ): Che bello! Comme c'est beau! Quest'abito è un sogno. Cette robe est un rêve.
   Quanto costa questo sogno? Combien coûte ce rêve?
V  2000 Euro.
G  Resta un bel sogno, perché non voglio spendere più di 1000 Euro. Cette robe reste un beau rêve, parce que je ne veux pas dépenser plus de 1000 Euros.
V  Un momento, telefono al caporeparto. Un moment, je téléphone au chef de rayon. *Dopo la telefonata. Après le coup de téléphone*: Può realizzare il sogno con 1500 Euro. Vous pouvez réaliser le rêve avec 1500 Euros.
G  D'accordo, allora lo prendo. D'accord, alors je la prends.

# Septième jour

## Pronoms sujets et pronoms complément directs

E   Moi, je t'aime /  **io** ti amo

| Pronoms sujets | Pronoms complément directs | Verbe |
|---|---|---|
| **Io** (moi, je ) | ti (te) | amo |
| **Tu** (toi, tu) | mi (me) | ami |
| **Lui** (lui, il) | la (la) | ama |
| **Lei** (elle) | lo (le) | ama |
| **Noi** (nous) | vi (vous) | amiamo |
| **Voi** (vous) | ci (nous) | amate |
| **Loro** (ils) | le (les) | amano |
| **Loro** (elles) | li (les) | amano |

### Le pronom sujet
sg   **Lei**  (+ 3e pers. sg ) Come sta **Lei** signore(a).
   Comment  allez-vous monsieur / madame?
pl   **Voi**  ( + 2e pers. pl ) Come state **Voi** signori(e )?
   **Loro** ( + 3e pers. pl ) Come stanno **Loro** signori(e)?

### Le pronom complément direct
sg  **La** ( f m ), par ex. Signore(a ), **La** vedo.  Je vous vois ,
   monsieur, madame.
pl  **Vi** ( f m ), par ex. Signori(e ),  **Vi** vedo.  Je vous vois
   messieurs, mesdames.

### Elision de lo et la
R   **Lo et la s'élident devant une voyelle ou un h muet**:
   L'ho visto / je l'ai vu.  L'ho vista / je l'ai vue
   **Li et le ne s'élident jamais:**
   **Li** ho visti.  **Le** ho viste.

## Emplois du pronom sujet

E **Io** prendo un dessert e **tu**? **Moi,** je prends un dessert et **toi?**

R On emploie le pronom sujet pour mettre en évidence la personne ( **io** ) ou s'il est seul ( e **tu**? ).

## Pronoms complément indirects

E Moi, je **te** vends un café / Io **ti** vendo un caffè

| Pronoms sujets | Pronoms complément indirects | Verbe |
|---|---|---|
| Io | **ti** (te) | vendo un caffè |
| Tu | **mi** (me) | vendi |
| Lui(il) | **le** (lui) | vende |
| Lei (elle) | **gli** (lui) | vende |
| Noi | **vi** (vous) | vendiamo |
| Voi | **ci** (nous) | vendete |
| Loro | **loro/gli** (leur) | vendono loro un caffè |
|  |  | gli vendono un caffè |

### Pronom complément indirect

sg **Le** (m f ), par ex. Posso presentar**le** il signor Bossi.
Puis-je vous présenter monsieur Bossi.

pl **Vi,** par ex. **Vi** scrivo / je vous écris
**Loro,** par ex. dico **Loro** / je vous dis

R **Loro / loro se placent toujours après le verbe.**

F Ti vendo un caffè. **Te lo** vendo.
Je te vends un café. Je te le vends

R **Lorsque deux pronoms se suivent il y a les règles suivantes:**
1. En italien l'ordre est toujours le même: 1. complément indirect 2. complément direct.
2. mi, ti, ci, vi, si > me, te, ce, ve, se.
3. **gli** + lo, li, la, le > **glie***lo*, **glie***li*, **glie***la*, **glie***le*.

**F** Exemple: Dialogue entre le directeur (D) de l'hôtel et le garçon (G):
D Mostra l'albergo al signore. Montre l'hôtel au monsieur.
G **Glie***lo* **mostro.** Je *le* **lui** montre.
D Mostra l'albergo alla signora. Montre l'hôtel à la dame.
G **Glie***lo* **mostro.** Je *le* **lui** montre.
D Mostra l'albergo ai clienti. Montre l'hôtel aux clients.
G **Glie***lo* **mostro.** Je *le* **leur** montre.
D Mostra i bagni alla signora. Montre les bains à la dame.
G **Glie***li* **mostro.** Je *les* **lui** montre.
D Mostra la camera al signore. Montre la chambre au monsieur.
G **Glie***la* **mostro.** Je *la* **lui** montre.
D Mostra le camere ai clienti. Montre les chambres aux clients.
G **Glie***le* **mostro.** Je *les* **leur** montre.

## Pronoms toniques

E Moi, je parle avec **toi** / Io parlo con **te**.

| Pronoms sujets | Verbe | | Pronoms toniques |
|---|---|---|---|
| Io | parlo | con | **te** (toi) |
| Tu | parli | con | **me** (moi) |
| Lui | parla | con | **lei** (elle) |
| Lei | parla | con | **lui** (lui) |
| Noi | parliamo | con | **voi** (vous) |
| Voi | parlate | con | **noi** (nous) |
| Loro | parlano | con | **loro** (eux, elles) |

sg: **Lei,** par ex. con **Lei** / avec vous
pl: **Voi, Loro,** par ex. con **Voi** / con **Loro** / avec vous

## Emplois du pronom tonique

On emploie les pronoms toniques après les prépositions et pour mettre en évidence la personne, par ex. Carlo aime **toi**. Carlo ama **te**.

## Le pronom personnel: deux constructions

Dans la phrase '**La** posso incontrare?' le pronom ( la ) se place avant le verbe ( posso ).
Il existe une deuxième construction: 'Posso incontrar**la**?'
Si le pronom ( la ) se place après le verbe à l'infinitif celui-ci perd son -e final.

## F Traduction de „il faut'

Devant un verbe:
**Bisogna**, par ex.
Il faut aller. **Bisogna** andare.
Devant un nom:
**Occorre / ci vuole**, par ex.
Il faut une heure pour arriver.
**Occorre ( ci vuole )** un'ora per arrivare.
Il faut deux heures pour arriver.
**Occorrono ( ci vogliono )** due ore per arrivare.

## Verbes irréguliers

dovere / devoir
Présent: devo, devi, deve, dobbiamo, dovete, devono
pp: dovuto
**F** Conditionnel: dovrei

sedere / être assis
Présent: siedo siedi, siede, sediamo, sedete siedono
pp: seduto
**F** Conditionnel: sederei

**Apprenez s.v.p. les mots de <u>ouvrir</u> à <u>porte</u>.**

## *Il viaggio di nozze / Le voyage de noces*

Luogo: L'aeroporto di Roma - Ciampino.
Lieu:　　L'aéroport de Rome-Ciampino.
Persone: Gina G, Tino T,
　　　　　un impiegato / un employé E


T  A che ora parte il volo charter per Parigi? À quelle heure le vol charter part pour Paris?
E  Avete ancora un po'di tempo. Vous avez encore un peu de temps. La partenza è fra un'ora. Le départ est dans une heure.
G  A che ora arriva l'aereo? À quelle heure arrive l'avion ?
E  Se l'aereo parte in orario, l'arrivo è alle undici. Si l'avion part à l'heure, l'arrivée est à onze heures. È la prima volta che andate a Parigi? C'est la première fois que vous allez à Paris?
G  Sì, è il nostro viaggio di nozze. Oui, c'est notre voyage de noces.
E  Oh, felicitazioni agli sposi. Oh, félicitations pour le mariage. Avete trovato un buon albergo? Vous avez trouvé un bon hôtel?
T  Sì, vicino alla cattedrale *Notre-Dame* nel *Quartier Latin*. Oui, près de la cathédrale *Notre-Dame* au *Quartier latin*.
E  <u>Sono vissuto</u> in questo quartiere dal 1988 al 1996. <u>J'ai vécu</u> dans ce quartier de 1988 à 1996. Ogni volta che penso a Parigi sento una grande nostalgia di quella città meravigliosa. Chaque fois que je pense à Paris j'éprouve une grande nostalgie de cette ville merveilleuse.
G  Che cosa Le è piaciuto più di tutto a Parigi? Qu'est-ce qui vous a impressionné le plus à Paris?
E  È una domanda difficile. C'est une demande difficile.

Forse la vista sulla *Seine* sotto i ponti di Parigi oppure la vista dal mio appartamento sul cielo azzurro sopra i tetti di Parigi. Peut-être la vue sur la *Seine* sous les ponts de Paris ou bien la vue de mon appartement sur le ciel bleu au dessus des toits de Paris. Forse quella sera sulla piazza Concorde quando il sole rosso tramontava dietro alla torre Eiffel. Peut-être ce soir-là sur la place de la Concorde, quand le soleil rouge se couchait derrière la tour Eiffel. Forse quella notte, quando ho guardato il mare di luce della città dal ristorante più alto della torre Eiffel. Peut-être cette nuit-là, quand j'ai regardé l'océan de lumières de la ville du restaurant le plus haut de la tour Eiffel. Forse la bellezza seducente delle ballerine del *Lido* e del *Moulin Rouge*. Peut-être la beauté séduisante des danseuses du *Lido* et du *Moulin Rouge*. Forse quella mattina, quando ho visto davanti alla chiesa *Sacré-Coeur* dopo una notte in bianco il sorgere del sole roseo. Peut-être ce matin-là, quand j'ai vu devant l'église *Sacré-Cœur* après une nuit blanche le lever du soleil rosé. Che cosa mi è piaciuto più di tutto? Non lo so. Qu'est-ce qui m'a impressionné le plus? Je ne le sais pas. Ma so che sarete molto felici tutti e due durante questo viaggio di nozze perché Parigi è la città perfetta per amarsi e perciò il luogo ideale per un viaggio di nozze. Mais je sais que vous serez très heureux tous les deux pendant ce voyage de noces, parce que Paris est la ville parfaite pour s'aimer et pour cela le lieu idéal pour un voyage de noces. Quanto restate a Parigi? Combien de temps restez-vous à Paris?

T  Due settimane. Deux semaines.
G  Forse anche qualche giorno in più. Peut-être aussi quelques jours en plus.
E  Saluti Parigi da parte mia. Saluez Paris de ma part.
   Buon volo e buona luna di miele! Bon vol et bonne lune de miel.

# Huitième Jour

## L'adjectif possessif

E   Moi, j'ai ma maison etc.
     Io ho **la mia** casa.        Noi abbiamo **la nostra** casa.
     Tu hai **la tua** casa.        Voi avete **la vostra** casa.
     Egli/ella ha **la sua** casa.   Essi/esse hanno **la loro** casa.

E   Je rencontre mon ami, son frère et ses soeurs.
     Incontro **il mio** amico,
     **suo** fratello e **le sue** sorelle.
pl  Incontro **i miei** amici,
     **i loro** fratelli e **le loro** sorelle.
     Incontro **la mia** amica,
     **sua** sorella e **i suoi** fratelli.
pl  Incontro **le mie** amiche,
     **le loro** sorelle e **i loro** fratelli.

E   Bonjour, monsieur, quand arrivent votre épouse et votre fils?
     Buon giorno signore, quando arrivano **Sua** moglie e **Suo** figlio?
pl  Buon giorno signori, quando arrivano **le Vostre** mogli e **i Vostri** figli / **le Loro** mogli e **i Loro** figli?

R   On emploie 'loro' toujours avec l'article défini. **Le possessif 'loro' est invariable**, par ex:
     il **loro** figlio, i **loro** figli, la **loro** figlia, le **loro** figlie.

F   Le possessif est formé de l'article défini et d'un mot possessif, par ex. **la mia sorella** / ma soeur
     **L'article défini peut être remplacé par un article indéfini**, par ex.
     **una** mia sorella / une de mes soeurs

## Le pronom relatif

On emploie ‚**che**' pour personnes et choses féminines et masculines au singulier, pluriel, nominatif et accusatif.
C'è qualcuno **che** parla francese? / Il y a quelqu'un qui parle français?
Après une préposition **che** > **cui** ( traduit qui ).
Eva e Carlo a **cui** ho telefonato. Eva et Carlo à qui j'ai téléphoné.
celui qui / chi;
lequel (m sg) / il quale
lesquels (m pl) / i quali
laquelle (f sg) / la quale
lesquelles (f pl) / le quali

## F  Le pronom interrogatif

| | |
|---|---|
| quand / quando | Quando parte il prossimo treno? |
| | Quand part le prochain train? |
| depuis quand / da quando | Da quando sei qui? |
| | Depuis quand es-tu ici? |
| pourquoi / perché | Perché impiega tanto tempo? |
| | Pourquoi ça occupe tant de temps? |
| quelle chose / che cosa | Che cosa Le è piaciuto più di tutto? |
| | Quelle chose avez - vous aimé le plus? |
| quoi /cosa | Cosa danno all'opera? |
| | Quoi on joue à l'opéra? |
| quel est / qual è | Qual è il prefisso di Svizzera? |
| | Quel est l'indicatif de la Suisse? |
| quel(le) / quale, che | quale / che libro? |
| | quel livre? |
| quels/ quali | Quali piatti vegetariani ha? |
| | Quels plats végétariens avez-vous? |
| qui / chi | Chi è il solista? Qui est le soliste? |
| à qui / a chi | A chi mi posso rivolgere? |
| | À qui je peux m'adresser? |

| | |
|---|---|
| à qui / di chi | Di chi è questa giacca? |
| | À qui est cette veste-ci? |
| avec qui / con chi | Con chi esci? |
| | Tu sors avec qui? |
| chez qui / da chi | Da chi sei stato? |
| | Chez qui tu as été? |
| comment / come | Come si dice in italiano? |
| | Comment on dit en italien? |
| pourquoi / come mai | Come mai la macchina non va più? |
| | Pourquoi la voiture ne démarre plus? |
| combien de temps / quanto | Quanto resta? |
| | Combien de temps restez-vous? |
| combien / quanto | Quanto costa il biglietto d'ingresso? |
| | Combien coûte le billet? |
| combien de / quanti | Quanti giorni è durato lo sciopero? |
| | Combien de jours la grève a duré ? |
| où / dove | Dove si comprano i biglietti? |
| | Où on achète les billets? |
| | Dove va quest'autobus? |
| | Où va cet autobus? |
| d'où / da dove | Da dove viene? |
| | D'où venez-vous? |
| de quoi / di che cosa | Di che cosa ha parlato? |
| | De quoi avez-vous parlé? |
| á quoi / a che cosa | A che cosa pensi? |
| | À quoi penses-tu? |
| où est / dov'è | Dov'è l'ufficio per il turismo? |
| | Où est l'office du tourisme? |

## Proposition interrogative

La structure de la phrase est la même que celle de la phrase affirmative, mais l'accentuation est à la fin de la phrase, par ex.

Eva parla francese. Eva parle français.
Eva parla **francese**? Eva parle **français**?

## Questo(a) e quello(a)

Di chi è questa giacca? À qui est cette veste-ci?
Questo(a) indique ce qui est proche.
Di chi è quella giacca? À qui est cette veste-là?
Quello(a) indique ce qui est éloigné.

## Adjectifs démonstratifs et pronoms démonstratifs

| | |
|---|---|
| Incontri **questo** ragazzo? | No, *quello.* |
| Tu rencontres **ce** garçon-ci? | Non, *celui-là.* |
| Incontri **questa** ragazza? | No, *quella.* |
| Tu rencontres **cette** fille-ci? | Non, *celle-là.* |
| Incontri **questi** ragazzi? | No, *quelli.* |
| Tu rencontres **ces** garçons-ci? | Non, *ceux-là.* |
| Incontri **queste** ragazze? | No, *quelle.* |
| Tu rencontres **ces** filles-ci? | Non, *celles-là.* |

R L'**adjectif démonstratif** est devant un substantif.
Le *pronom démonstratif* remplace un substantif.

## Verbes irréguliers

tenere / tenir
Présent: tengo, tieni, tiene, teniamo, tenete, tengono.
pp: tenuto
F Conditionnel: terrei
venire / venir
Présent: vengo, vieni, viene, veniamo, venite, vengono
pp: venuto
F Conditionnel: verrei
rimanere / rester
Présent: rimango, rimani, rimane,
        rimaniamo, rimanete, rimangono
pp: rimasto
F Conditionnel: rimarrei
**Apprenez s.v.p. les mots de <u>portion</u> à <u>riz.</u>**

## *Arrivo all'albergo / Arrivée à l'hôtel*

Luogo: Un albergo a San Remo.
Lieu:  Un hôtel à San Remo
Persone: Tino T, sua moglie / sa femme Gina G, la loro figlia / leur fille Nora N, il signor Ricci R

T  Buona sera, mi chiamo Baci. Bonsoir, je m'appelle Baci. Lei è il signor Ricci a cui ho telefonato? Vous êtes monsieur Ricci à qui j'ai téléphoné?
R  Sì, buona sera, signori Baci. Oui, bonsoir madame et monsieur Baci. Quanto resta? Combien de temps restez-vous?
T  Una settimana. Une semaine. Abbiamo bisogno di una camera doppia e una camera singola per nostra figlia. Nous avons besoin d'une chambre double et d'une chambre individuelle pour notre fille.
R  Avete fortuna. Vous avez de la chance. Benché siamo in alta stagione, ci sono ancora alcune camere libere. Bien que nous avons la pleine saison il y a encore quelques chambres libres. Ci sono due camere con bagno, balcone e vista sul mare. Il y a deux chambres avec salle de bain, balcon et vue sur la mer.
G  Quanto costa il pernottamento e la colazione, la mezza pensione e la pensione completa? Combien coûte une nuit avec petit déjeuner, la demi-pension et la pension complète?
R  Ecco la lista dei prezzi. Voici la liste des prix.
G  È troppo caro. C'est trop cher. Ha qualcosa più a buon mercato? Vous avez quelque chose plus bon marché?
R  Abbiamo due camere meno care con doccia e vista sulle montagne. Nous avons deux chambres moins chères avec douche et vue sur les montagnes.
G  È possibile vederle? C'est possible de les visiter?
R  Volentieri. Volontiers.

*Dopo la visita. Après la visite.*
G  Va bene, prendiamo le camere. D'accord, nous prenons les chambres.
R  Per favore compili questo modulo di iscrizione. Je vous prie de remplir cette fiche. Per favore firmi qui. Veuillez signer ici.
T  Qualcuno può portare su le nostre valige? Quelqu'un peut porter en haut nos valises?
R  Un momento, chiamo un cameriere. Un moment, j'appelle un garçon. Ecco tutte e due le chiavi. Voici les deux clés.
G  A che ora si può fare colazione? À quelle heure peut-on prendre le petit déjeuner?
R  Fra le sette e le dieci. Entre sept et dix heures.
T  Ci può svegliare alle otto? Pouvez-vous nous réveiller à huit heures?
R  Volentieri, ecco l'ascensore. Volontiers, voici l'ascenseur. Buone vacanze. Bonnes vacances.
*Dopo una settimana bellissima. Après une semaine très belle:*
T  Posso pagare il conto? Je peux payer la note?
R  Il conto è pronto. La note est prête.
T  Arrivederci, era un soggiorno molto piacevole. Au revoir, c'était un séjour très agréable.
G  È stata una settimana meravigliosa. C'était une semaine merveilleuse.
N  Ciao, era mega fantastico. Salut, c'était mega fantastique.
R  È stato un piacere conoscervi. Ravi d'avoir fait votre connaissance. Spero che ci rivediamo l'anno prossimo. J'espère vous revoir l'année prochaine. Buon ritorno. Bon retour.

# Neuvième jour

## L'espace / lo spazio

| | |
|---|---|
| á la maison | in casa |
| á travers la maison | attraverso la casa |
| à l'intérieur de la maison | all'interno della casa |
| hors de la maison | fuori della casa |
| devant la maison | davanti alla casa |
| derrière la maison | dietro la casa |
| à côté de la maison | accanto alla casa |
| sur la maison | sulla casa |
| sous la maison | sotto la casa |
| au dessus de la maison | sopra la casa |
| en face de la maison | di fronte alla casa |
| près de la maison | vicino alla casa |

R Devant un pronom personnel on intercale la préposition **di,** par ex:
dietro **di** me / derrière moi

## L'arrivée / l'arrivo

**Je suis arrivé ...**      **Sono arrivato ...**

| | |
|---|---|
| il y a sept jours | sette giorni fa |
| avant-hier | l'altro ieri |
| hier | ieri |
| aujourd'hui | oggi |
| je viens d'arriver | or ora |
| je suis en train d'arriver | sto *arrivando* (1) |
| 1 être en train de + infinitif: | stare + *gérondif* |

## Le départ / la partenza

Je vais partir  sto per *partire* (1)
1 aller faire quelque chose:  stare per + *infinitif*

**Je pars ...**  **parto ...**

tout de suite  subito
bientôt  presto
dans deux heures  fra due ore
ce matin  stamattina
cet après-midi  oggi pomeriggio
ce soir  stasera
cette nuit  stanotte
demain  domani
après-demain  dopodomani
avant de dimanche  prima di domenica
après dimanche  dopo domenica


## F  Il faut distinguer / bisogna distinguere

E  Il y a 4 mois j'ai eu l'idée du livre que j'écris depuis 2 mois que je dois achever en 2 mois et que l'éditeur publie dans 4 mois.

4 mesi fa (1) ho avuto l'idea del libro che scrivo da 2 mesi (2) che devo terminare in 2 mesi (3) e che l'editore pubblica fra 4 mesi (4).

1  4 mesi fa: il y a 4 mois
2  da 2 mesi: depuis 2 mois
3  in 2 mesi: en 2 mois
4  fra 4 mesi: dans 4 mois

## F  Expressions idiomatiques

<u>Quand on n'a pas compris l'interlocuteur.</u>
<u>Quando non si ha capito l'interlocutore.</u>

Je n'ai pas compris ce que vous avez dit. Non ho capito, cosa ha detto. Vous pouvez le répéter et parler plus lentement. Può ripetere e parlare più lentamente.

<u>Dans le grand magasin. Nei grandi magazzini.</u>
Je donne seulement un coup d'œil. Do solo un'occhiata.
Je dois y réfléchir encore un moment.
Ci devo pensare ancora un attimo.
Ça me plait, je le prends. Mi piace, lo prendo.
Je peux payer avec cette carte de crédit?
Posso pagare con questa carta di credito?
Vous pouvez l'envelopper? Me lo può incartare?
Auriez vous un sac? Ha un sacchetto?

<u>Après un accident. Dopo un incidente.</u>
Il y eu un accident. C'è stato un incidente. Appelez tout de suite un médecin, une ambulance et la police. Chiami subito un medico, un'ambulanza e la polizia. J'ai besoin de votre nom, de votre adresse et du nom de votre assurance. Ho bisogno del Suo nome, del Suo indirizzo e del nome della Sua assicurazione.

### Verbe irrégulier

salire / monter
Présent: salgo, sali, sale, saliamo, salite, salgono
pp: salito
F Conditionnel: salirei

**Apprenez s.v.p. les mots de <u>robe</u> à <u>timbre-poste.</u>**

## *Al ristorante / Au restaurant*

Persone: Gina G, Tino T, Nora N, cameriera / serveuse S

T  Vorremmo un tavolo sulla terrazza nel settore non fumatori. On veut une table sur la terrasse dans la zone non-fumateurs.

S  Prego, quel tavolo. Je vous en prie, cette table. Ecco il menù. Voici la carte.

G  Ha un menù del giorno o un menù turistico? Vous avez un plat du jour où un plat pour touristes?

S  Sì, signora, tutti e due. Oui, madame, tous les deux.

N  Quali piatti per vegetariani ha? Quels plats végétariens avez-vous?

S  Ecco la lista dei piatti vegetariani. Voici la liste des plats végétariens. Ecco la lista delle bevande. Voici la liste des boissons. Vogliono un aperitivo? Vous voulez un apéritif?

G  Un campari liscio. Un campari nature.

N  Un aperitivo analcolico. Un apéritif sans alcool.

T  Un campari con ghiaccio. Un campari avec des glaçons.

S  Cosa desiderano da bere? Que désirez-vous boire?

G  Un bicchiere di vino bianco. Un verre de vin blanc.

N  Un succo di frutta. Un jus de fruits.

T  Una birra alla spina. Une bière à la pression.

S  Quale antipasto desiderano? Quelle entrée désirez-vous?

T  Una zuppa di verdura. Un potage aux légumes.

G  Insalata mista. Une salade mélangée.

N  Prosciutto e melone. Jambon et melon.

S  Quale piatto principale desiderano? Quel plat principal désirez-vous?

N  Preferisco un piatto vegetariano. Je préfère un plat végétarien. Quale piatto può raccomandarmi? Quel plat vous me conseillez?

S  Patate con verdura. Pommes de terre avec légumes.
T  Vorrei del pesce. Je voudrais du poisson. Fritto misto con riso. Friture mixte avec du riz.
G  Vorrei della carne. Je voudrais de la viande. Bistecca e insalata mista con salsa italiana. Steak et salade mixte avec sauce italienne.
S  La bistecca al sangue, a puntino o ben cotta? Le steak saignant, à point où bien cuit?
G  A puntino. À point.
S  E quale contorno? Et quelle garniture?
G  Crocchette. Croquettes.

*Dopo il piatto principale. Après le plat principal.*
S  Desiderano un dessert? Vous désirez un dessert?
T  Sono diabetico. Je suis diabétique. Non posso mangiare cibi con zucchero. Je ne peux pas manger d'aliments avec du sucre. Se ha una torta per diabetici ne prendo una fetta e un espresso. Si vous avez un gâteau pour diabétiques j'en prendrai une tranche et un espresso.
N  Un gelato misto e un caffelatte. Une glace panachée et un café au lait.
G  Una fetta di 'torta della nonna', ma per favore con panna, e un cappuccino. Une tranche de 'gâteau de la grand-mère', mais avec de la crème Chantilly, s'il vous plait, et un café crème.

*Dopo un pranzo molto buono. Après un très bon déjeuner.*
T  Il conto per favore. L'addition s'il vous plait. Il pranzo è stato eccellente. Le déjeuner était excellent. Faccia i nostri complimenti allo chef. Faites nos compliments au cuisinier.
S  Molte grazie. Merci beaucoup.


*Per sazietà totale di tutta la famiglia la cena non ebbe più luogo. Par suite de la satiété totale de toute la famille le dîner n'avait plus lieu.*

# Dixième jour

## Les prépositions

E Bisogna andare **a** casa ( 1 ) **a** piedi ( 2 ) perché bisogna essere **a** casa ( 3 ) **a** mezzanotte ( 4 ).
**a** exprime:

| | | |
|---|---|---|
| 1 | la direction / à | andare **a** casa |
| | | aller à la maison |
| 2 | le moyen / à | **a** piedi |
| | | à pieds |
| 3 | le lieu / à | essere **a** casa |
| | | être à la maison |
| 4 | le temps / à | **a** mezzanotte |
| | | à minuit |
| | le rapport / par | 1000 € al mese |
| | | 1000 € par mois |

E Vengo **dal** museo ( 1 ) e **da** un'ora ( 2 ) descrivo con la macchina **da** scrivere ( 3 ) un quadro dipinto **da** Michelangelo ( 4 ).
**da** exprime:

| | | |
|---|---|---|
| 1 | lieu d'origine / de | vengo **dal** museo |
| | | je viens du musée |
| 2 | le temps / depuis | **da** un'ora |
| | | depuis une heure |
| 3 | l'usage / à | macchina **da** scrivere |
| | | machine à écrire |
| 4 | l'agent / par | dipinto **da** Michelangelo |
| | | peint par Michel-Ange |
| | la valeur / de | biglietto da 50 € |
| | | billet de 50 € |

E  Parto **per** Parigi ( 1 ) **per** amore ( 2 ) **per** incontrare un'amica ( 3 ); viaggio **per** treno ( 4 ) **per** due giorni ( 5 ) **per** l'Italia ( 6 ) e **per** Milano ( 7 ).

**per** exprime:

| | | |
|---|---|---|
| | 1 la destination / | parto **per** Parigi |
| | pour | je pars pour Paris |
| | 2 la cause / | **per** amore |
| | par | par amour |
| | 3 le but / | **per** incontrare un' amica |
| | pour | pour rencontrer une amie |
| | 4 le moyen / | **per** treno |
| | par | par train |
| | 5 le temps / | **per** due giorni |
| | pendant | pendant deux jours |
| | 6 le passage / | **per** l'Italia |
| | à travers | à travers l'Italie |
| | 7 le passage / | **per** Milano |
| | par | par Milan |

**di** exprime:

| | | |
|---|---|---|
| | la possession / | **Di** chi è questo? |
| | à | À qui est ceci? |
| | la matière / | camicia **di** seta |
| | de, en | chemise de/en soie |
| | le lieu d'apparte- | Sono **di** Roma. |
| | nance / de | Je suis de Rome. |

**Apprenez s.v.p. les mots de <u>tire-bouchon</u> à <u>wagon-restaurant.</u>**

## *Il casino / le casino*

Il professor Müller è un giocatore appassionato. Le professeur Müller est un joueur passionné. Per questo chiama un taxi davanti alla stazione di Napoli e dice al taxista:

"Per favore casino."

Pour cela il appelle un taxi devant la gare de Naples et dit au chauffeur de taxi: „Per favore casino."

Dopo 5 minuti il taxista dice con una strizzatina d'occhi:

"Ecco l'entrata del casino."

Après 5 minutes le chauffeur dit avec un clin d'œil.

„Voici l'entrée du casino."

Alla ricezione siede una bella signora che saluta il signor Müller con un sorriso gentile. À la réception une belle dame est assise qui salue le monsieur Müller avec un sourire gentil.

"Scusi", dice il signor Müller "il doganiere a detto che il mio passaporto è scaduto."

"Excusez", dit monsieur Müller "le douanier a dit que mon passeport est périmé."

"Qui non ha bisogno del passaporto; i nostri clienti tengono all'anonimità"dice la signora con una strizzatina d'occhi.

"Ici vous n'avez pas besoin du passeport. Nos clients attachent une grande importance à l'anonymat", dit la dame avec un clin d'œil.

"Molto gentile da parte sua. In Germania si deve mostrare ogni volta il passaporto se si va in un casino."

"Très gentil de votre part. En Allemagne on doit montrer le passeport chaque fois qu'on va à un casino."

"In questo momento tutte le stanze sono occupate; ma può bere un aperitivo al bar a spese del casino."

"Pour le moment toutes les pièces sont occupées. Mais vous pouvez boire un apéritif dans le bar aux frais du casino."

Il professor Müller guarda con grande stupore il profondo decolleté della barista dal seno pieno che dice con un sorriso seducente: "Cosa desidera?"

Le professeur Müller regarde avec une grande stupeur le profond décolleté de la serveuse à la poitrine généreuse qui dit avec un sourire séduisant: „Que désirez-vous?
Siccome è molto caldo nel casino risponde:
"Un campari con ghiaccio."
Parce qu'il fait très chaud au casino il répond:
"Un campari avec des glaçons."
Mentre la barista prepara l'aperitivo domanda:
"Lei di dov'è?"
Pendant que la serveuse prépare l'apéritif elle demande:
"D'où venez-vous ?"
"Sono di un piccolo villaggio vicino a Baden-Baden in Germania."
"Je viens d'un petit village près de Baden-Baden en Allemagne."
La strizzatina d'occhi della barista ricorda al signor Müller la strizzatina d'occhi del taxista e della signora alla ricezione. Le clin d'œil de la serveuse rappelle à monsieur Müller le clin d'œil du chauffeur de taxi et de la dame à la réception.
"È la Sua prima volta in un casino?"
"C'est la première fois que vous êtes dans un casino?"
"No, a Baden-Baden vado al casino due volte la settimana, per lo più tutta la notte; una volta che ho iniziato non posso più smettere."
"Non, à Baden-Baden je vais au casino deux fois par semaine, le plus souvent toute la nuit; si j'ai commencé une fois je ne peux plus m'arrêter."
"Anche qui può restare tutta la notte. Quando è andato la prima volta al casino?"
"Ici vous pouvez rester aussi toute la nuit. Quand êtes-vous allé la première fois au casino?"
"Trent'anni fa. Il y a 30 ans. Abbiamo fatto il viaggio di nozze a Monte - Carlo. Nous avons fait le voyage de noce à Monte - Carlo. Mentre mia moglie faceva acquisti sono andato la prima volta al casino. Pendant que ma femme

faisait des achats je suis allé au casino la première fois. L'importo minimo era molto basso; quanto è qui l'importo minimo? La somme minimum était très basse; à combien se monte la somme minimum ici?"

"200 Euro."

"Oh, come è alto! Oh, comme c'est haut! A Baden-Baden l'importo minimo è solo 2 Euro. À Baden-Baden la somme minimum est seulement 2 Euro."

Improvvisamente si apre una porta. À l'improviste une porte s'ouvre. Un uomo appare e dietro di cui il signor Müller vede una ragazza bionda vestita solo con uno slip rosso. Un homme apparaît et derrière lui monsieur Müller voit une jeune fille blonde vêtue seulement avec un slip rouge. Ora capisce dove si trova e che significato ha la strizzatina d'occhi ripetuta tre volte. Maintenant il comprend où il se trouve et la signification du clin d'œil répété trois fois. Poi inizia a dire parolacce. Puis il commence à rouspéter:

"Che taxista stupido! Quel stupide chauffeur de taxi. Ho detto 'per favore casino'! Jai dit 'per favore casino'!

La barista ride di cuore e dice. La serveuse se tord de rire et dit:

"Non rimproveri il taxista. Ne le reprochez pas au chauffeur. Lei ha detto 'per favore casino'; questa parola significa in italiano una casa dove ci si diverte con delle belle ragazze. Vous avez dit 'per favore casino'. Cette parole signifie en italien une maison, où on s'amuse avec des jeunes filles belles. Una casa dove si gioca alla roulette si chiama in italiano 'casinò'. Une maison où on joue à la roulette s'appelle en italien 'casinò'.

"Un accento sbagliato e le sue conseguenze" dice ridendo il signor Müller, che fa a Baden-Baden il professore di lingua tedesca.

"Un accent faux et ses conséquences" dit en riant monsieur Müller, professeur de la langue allemande à Baden-Baden.

# Vocabulaire

abricot albicocca f
accepter accettare
accident incidente m
accompagner accompagnare
achat acquisto m
acheter comprare
adaptateur adattatore m
addition conto m
adresse indirizzo m
aéroport aeroporto m
age età f
agneau agnello m
agréable piacevole
aider aiutare
aimer amare
aller andare
aller retour andata e ritorno
aller voir andare a vedere
allergie allergia f
allumette fiammifero m
ambassade ambasciata f
ambulance ambulanza f
ami amico m
ampoule lampadina f
animal animale m
anniversaire compleanno m
annuaire du téléphone
elenco telefonico
annuller annullare
antiquité antichità f
août agosto m
apéritif aperitivo m
appartement appartamento m

appareil photo
macchina fotografica
appeler chiamare
s'appeler chiamarsi
apporter portare
après-midi pomeriggio m
arbre albero m
architecture architettura f
argent denaro m
arrêt fermata f
arrêt d'autobus
fermata dell'autobus
arrêter fermare
arrivée arrivo m
arriver arrivare
art arte f
artificiel artificiale
artiste artista m f
ascenseur ascensore m
assez abbastanza
assiette piatto m
assurance assicurazione
attendre aspettare
attention attenzione
atteindre raggiungere
attestation attestato m
auberge trattoria f
auberge de jeunesse
ostello della gioventù
aujourd'hui oggi
au moins al meno
aussi anche
auto macchina

autobus  autobus m
automne autunno m
autoroute autostrada f
autre altro(a)
avion aereo m
avoir avere
avoir besoin de
avere bisogno di
avril aprile m
**B**
bac traghetto m
bagages bagaglio m
baigner far i bagni
bain bagno m
balai scopa f
balcon balcone m
banque banca f
barque barca f
bas calza f
bateau à moteur motoscafo m
bateau à voile
barca a vela
batterie batteria f
beurre burro m
bicyclette bicicletta f
bientôt presto
bière birra f
bijoutier gioielliere m
billet biglietto m
billet de banque banconota f
biscuit biscotto m
bleu blu
boeuf manzo m
boire bere
boisson bevanda f

boite scatola f
boite aux lettres
cassetta delle lettere
bon marché a buon mercato
bouche bocca f
boucherie macelleria f
bouée sauvetage salvagente
bougie candela f
boulangerie panetteria f
bouteille bottiglia f
bouteille de gaz
bombola del gas
bouton bottone m
bras braccio m
briquet accendino m
brochette spiedino m
brochure opuscolo m
brouillard nebbia f
bruyant rumoroso(a)
bureau ufficio m
bureau des objets trouvés
ufficio oggetti smarriti
**C**
cabine téléphonique
cabina telefonica
cadeau regalo m
caisse cassa f
caisse de maladie mutua f
camping campeggio m
camper campeggiare
canot de sauvetage
canotto di salvataggio
caravane roulotte f
carte de crédit
carta di credito

carte d'identité
carta d'identità
carte postale
cartolina f postale
casino casinò m
cassé rotto(a)
cathédrale duomo m
ce questo
ceinture cintura f
célibataire
celibe m nubile f
celui-là quello
cendrier portacenere m
centre centro m
centre commercial
centro commerciale
cette questa
chair carne f
chaise sedia f
chaleur caldo m
chambre camera f
femme de chambre cameriera
chambre double camera doppia
chambre individuelle
camera singola
champignon fungo m
change cambio m
changer cambiare
chanson canzone f
chapeau cappello
chaque ogni
chariot carrello m
château castello m
chauffage
riscaldamento m

chaussure scarpa f
chemise camicia f
chercher cercare
cheval cavallo m
cheveu capello m
chien cane m
chocolat cioccolato m
ciel cielo m
cimetière cimitero m
cinéma cinema m
ciseaux forbici f pl
ciseaux à ongles
forbicina f per unghie
citron limone m
citronnade limonata f
clef chiave f
climatisation
aria
condizionata
cœur cuore m
coffre-fort cassaforte f
coiffeur parrucchiere m
collègue collega m f
commencer iniziare
commander ordinare
compartiment
scompartimento
complet completo m
comprendre capire
compris compreso(a)
concert concerto m
concierge portiere(a) m f
confirmer confermare
confiture
marmellata f

connaître conoscere
consigne deposito dei bagagli
contenir contenere
contrat contratto m
contrôler controllare
corps corpo m
correspondance coincidenza f
coton cotone m
couleur colore m
couper tagliare
courant corrente f
cours corso m
cours de ski corso di sci
cousin/e cugino/a
coussin cuscino m
couteau coltello m
coûter costare
couvert coperto m
couverture coperta f
crème panna f
crème solaire crema solare
croisement incrocio m
croisière crociera f
cru crudo(a)
cuiller cucchiaio m
cuisine cucina f
cuisiner cucinare
cuit cotto(a)
**D**
dame signora f
danger pericolo m
dangereux pericoloso(a)
danser ballare
date data f
date limite data di scadenza

date de naissance
data di nascita
début inizio m
décembre dicembre m
décision decisione f
décrire descrivere
déjà già
déjeuner pranzo m
demain domani
demander domandare
demi mezzo(a)
demi kilo mezzo chilo
demi-pension
mezza pensione
dénoncer denunciare
dent dente f
dentifrice dentifricio m
dentiste dentista m f
départ partenza f
dépenser spendere
déranger disturbare
derrière dietro
descendre scendere
déviation deviazione f
devoir dovere
diète dieta f
différent diverso(a)
difficulté difficoltà f
dimanche domenica f
dîner cena f
dire dire
direct diretto(a)
direction direzione f
discothèque discoteca f
disparaître sparire

docteur dottore
doctoresse dottoressa f
doigt dito m
donner dare
dormir dormire
dos schiena f
douche doccia f
douleur dolore m
drap de lit lenzuolo m
durer durare
**E**
eau minérale acqua minerale
eau potable acqua potabile
écharpe sciarpa f
écrire scrivere
électrique elettrico(a)
embarcadère imbarcadero m
émouvoir commuovere
emporter portare con sé
emprunter noleggiare
encore ancora
en face di fronte
enfant bambino(a)
entendre sentire
entre fra, tra
entrée entrata f
enveloppe busta f
envie voglia f
environ circa
envoyer inviare
épeler compitare
épices spezie f pl
épouse moglie f
époux marito m
épuisé esaurito(a)

équipe squadra f
erreur errore m, sbaglio m
escalier scala f
escalier roulant scala mobile
escalope scaloppina f
essayer provare
essence benzina f
estomac stomaco m
étage piano m
été estate f
étranger estero m
être essere
être assis sedere
étroit stretto(a)
excuser scusare
expliquer spiegare
exposition esposizione f
expression espressione f
**F**
faim fame m
faire fare
faire de la voile
fare vela
famille famiglia f
fatigué stanco(a)
femme donna f
fenêtre finestra f
fermer chiudere
fête festa f
feu fuoco m
février febbraio m
fille figlia f
fils figlio m
fin fine f
finir finire

fleur fiore m
fleuve fiume m
foire fiera f
fois volta
fonctionner funzionare
fontaine fontana
forme forma f
fortune fortuna f
fourchette forchetta f
français francese
fraise fragola f
frapper bussare
frein freno m
frère fratello m
fresque affresco m
fromage formaggio m
frontière frontiera f
fruit frutta f
fruits de mer frutti di mare
fumer fumare
fumeur fumatore m

**G**

gagner guadagnare
galerie galleria f
gant guanto m
garage officina f
garçon ragazzo m
garder custodire
garde-robe guardaroba f
gare stazione f
garer parcheggiare
garniture contorno m
gâteau torta f
gazeux gassato(a)
gazole gasolio m

genou ginocchio m
gens m pl gente f sg
gentil gentile
glace ghiaccio m
glacier gelateria f
golf miniature minigolf m
goutte goccia f
graisse grasso m
gramme grammo m
grand magasin
grandi magazzini m pl
grand-père ( grand-mère)
nonno, nonna
gril griglia f
groupe gruppo m
guichet des billets
biglietteria f
guide guida f turistica
guide de montagne
guida f alpina

**H**

habillement abbigliamento
habitant abitante m
habiter abitare
hâte fretta f
haut-parleur altoparlante m
hélicoptère elicottero m
heure ora f
heures d'ouverture
orario d'apertura
heureux felice
hier ieri
histoire storia f
hiver inverno m
homme uomo m

hôpital ospedale m
horaire orario m
horloge orologio m
hors d'œuvre antipasto
hôtel albergo m
huile olio m
**I**
ici qui, qua
île isola f
imperméable impermeabile m
important importante
indicatif prefisso m
indice de protection
fattore m di protezione
infection infezione f
infirmière infermiera f
information informazione f
informer informare
inscription iscrizione f
insecte insetto m
piqûre d'insecte
puntura d'insetto
interdire vietare
interprète interprete m f
inviter invitare
italien(ne) italiano(a)
**J**
jamais mai
jambe gamba f
jambon prosciutto m
janvier gennaio m
jardin giardino m
jeu gioco m
jeudi giovedì
jouer giocare

jour giorno m
jour de fête giorno festivo
jour ouvrable giorno feriale
journal giornale m
juillet luglio m
juin giugno m
jumelles binocolo m
jupe gonna f
jus succo m
jus de fruit succo di frutta
**K**
kilomètre chilometro m
kiosque edicola f
**L**
là lì, là
lac lago m
la France Francia f
laisser lasciare
lait latte m
lampe lampada f
lavabo lavandino m
laver lavare
laxatif lassativo m
légume verdura f
lettre lettera
lever ( se ) alzarsi
lèvre labbro m
librairie libreria f
lieu luogo m
au lieu de invece di
liqueur liquore m
liquide liquido m
lire leggere
liste elenco m
lit letto m

litre litro m
livre libro m
location noleggio m
location de voitures autonoleggio m
louer affitare
loyer affitto m
lumière luce f
lundi lunedì m
lune luna f
lunettes occhiali m pl

**M**

magasin negozio m
magasin de photographie fotografo m
magnifique magnifico(a)
mai maggio m
main mano f
maintenant adesso, ora
mairie municipio m
maison casa f
maître nageur bagnino m
malade malato(a)
maladie malattia f
malheureusement purtroppo
manger mangiare
manquer mancare
manteau mantello m
marché mercato m
marché aux puces mercato m delle pulci
mardi martedì m
marié sposato(a)
maroquinerie pelletteria f
mars marzo m

matelas materasso m
matelas pneumatique materassino m
matériel materiale
matin mattina f
mécanicien meccanico m
médecin medico m
médicament farmaco m
même stesso(a)
menu menù m
mer mare m
mercredi mercoledì m
mère madre f
message messaggio m
mesurer misurare
mètre metro m
mettre mettere
miel miele m
midi mezzogiorno m
minuit mezzanotte f
minute minuto m
miroir specchio m
mixte misto(a)
mode moda f
moins meno
mois mese f
moitié metà f
moment momento m
monastère monastero m
monsieur signore m
montagne montagna f
monter salire
montrer mostrare
mot parola f
moteur motore m

motocyclette motocicletta f
mouchoir fazzoletto m
moyen medio(a)
mur muro m
muscle muscolo m
musée museo m
musique musica
**N**
nager nuotare
nationalité nazionalità f
navire nave f
né nato(a)
nécessaire necessario
neige neve f
ne ... pas non
ne ... que soltanto
nettoyer pulire
nez naso m
noix noce f
nom nome m
nombre numero m
non alcoolisé analcolico(a)
nouvel an capodanno m
nuit notte f
nuque nuca f
**O**
oblitérer obliterare
occuper occupare
oeil occhio m
oeuf uovo m
office du tourisme
ufficio per il turismo
offrir offrire
ombre ombra f
ombreux ombroso(a)

omelette frittata f
on si
ongle unghia f
opération operazione f
opticien ottico m
or oro m
orange arancia f
ordonnance ricetta f
oreille orecchio m
os osso m
oublier dimenticare
ouvre - bouteille
apribottiglie m
ouvrir aprire
**P**
pain pane m
paire paio m
palais palazzo m
panne guasto m
pantalon pantaloni m pl
papier carta f
papier hygiénique
carta igienica
Pâques Pasqua f
parapluie ombrello m
parasol ombrellone m
par avion per via aerea
parapente parapendio m
parc parco m
parc de stationnement
parcheggio m
parcmètre parchimetro m
parents genitori m pl
parfum profumo m
parking couvert autosilo m

parler parlare
partie parte f
partir partire
passeport passaporto m
pâte pasta f
patience pazienza f
patient paziente m f
patinage pattinaggio m
pâtisserie pasticceria f
payer pagare
pays paese m
péage pedaggio m
peau pelle f
pêche pesca f
pêcher pescare
pédiatre pediatra m f
peigne pettine m
peignoir accappatoio m
peindre dipingere
peintre pittore m
peinture pittura f
pellicule pellicola f
pellicule couleurs
pellicola a colori
penser pensare
perdre perdere
père padre m
permettre permettere
permis de conduire patente f
personne persona f
petit-déjeuner colazione f
petit pain panino m
peut-être forse
pharmacie farmacia f
photo fotografia f

photographier fotografare
pièce pezzo m
pièce de monnaie moneta f
pied piede m
piéton pedone m
pile pila f
pilule pillola f
piquant piccante
piscine piscina f
piste de fond
pista f di fondo
place piazza f
place assise posto m
plage spiaggia f
plaindre compiangere
plaire piacere
plan pianta f
plan d'une ville
pianta della città
plante pianta f
plein pieno(a)
pleuvoir piovere
plonger fare il sub
pluie pioggia f
plus più
pneu gomma f
pneu à plat gomma a terra
poche tasca f
poisson pesce m
poivre pepe m
police polizia f
pomme mela f
pomme de terre patata f
ponctuel puntuale
pont ponte m

porc maiale m
port porto m
portable telefonino m
porte porta f
portefeuille portafoglio m
porte-monnaie portamonete m
porter portare
portion porzione f
possible possibile
poubelle pattumiera f
poulet pollo m
pour cent per cento
pouvoir potere
poste posta f
préférer preferire
prendre prendere
présenter presentare
presser spingere
prêt pronto(a)
prier pregare, chiedere
printemps primavera f
prise de courant
presa di corrente
privé privato(a)
prix prezzo m
prix d'entrée ingresso m
prochain prossimo(a)
procurer procurare
profession professione f
profond profondo(a)
programme programma m
prononcer pronunciare
propre pulito(a)
pur puro(a)
purification pulitura f

**Q**
quai binario m
quelque chose qualcosa
question richiesta f
**R**
radiographier
fare una radiografia
rapide treno rapido
rasoir rasoio m
réception ricezione f
recevoir ricevere
réclamation reclamo m
recommander raccomandare
reçu ricevuta f
réduction riduzione f
regard sguardo m
regarder guardare
région regione f
religion religione f
remercier ringraziare
remontée mécanique sciovia
remplir compilare
rencontrer incontrare
rendez-vous appuntamento
réparation riparazione f
réparer riparare
repas pasto m
repasser stirare
répéter ripetere
répondre rispondere
réservation prenotazione f
réserver prenotare
respirer respirare
restaurant ristorante
rester restare

retard ritardo m
retirer prelevare
retour ritorno m
retourner ritornare
réveiller svegliare
revoir rivedere
revue rivista f
rien niente
rire ridere
riz riso m
robe vestito m
robinet rubinetto m
rompre rompere
rond rotondo(a)
rôti arrosto m
rouge rosso(a)
rouge à lèvres rossetto m
rue strada f
S
sable sabbia f
sac à dos zaino m
sac à main borsetta f
sachet sacchetto m
saigner sanguinare
saison stagione f
basse saison bassa stagione
haute saison alta stagione
salade insalata f
salade de fruits macedonia f
sale sporco(a)
s'allonger sdraiarsi
saluer salutare
salut saluto m
sang sangue m
sans plomb senza piombo

santé salute f
s'asseoir sedersi
sauce salsa f
saucisse salsiccia f
saumon salmone m
savoir sapere
savon sapone m
sculpteur scultore m
sculpture scultura f
seau secchio m
secours soccorso m
séjour soggiorno m
sel sale m
semaine settimana f
sens unique senso unico
sentier sentiero m
sentir sentire
séparé separato(a)
serveur cameriere m
service servizio m
service religieux
funzione f religiosa
serviette tovagliolo m
serviette de toilette
asciugamano m
serviette hygiénique
assorbente igienico
servir servire
seul solo(a)
seulement solo, soltanto
siècle secolo m
signature firma f
signer firmare
signifier significare
s'il vous plait per favore

s'informer informarsi
s'intéresser à  interessarsi a
ski sci
faire du ski sciare
ski de fond sci di fondo
socquette f calzino m
sœur sorella f
soif sete f
soigner curare
soir sera f
soldes saldi m pl
soleil sole m
somme importo m
sonner suonare
sonnette campanello m
sortie uscita f
sortie de secours
uscita di sicurezza
sortir uscire
soupe zuppa f
souvent spesso
sparadrap cerotto m
splendide splendido(a)
station-service
distributore di benzina
steak bistecca f
stupide stupido(a)
style stile m
sucre zucchero m
suivre seguire
supermarché supermercato m
sur sicuro(a)
surprise sorpresa f
surtout sopratutto
surveiller sorvegliare

**T**
tabac tabaccheria f
table tavolo m
tableau quadro m
taille (couture) taglia f
tasse tazza f
taxe tassa f
taxe de séjour
tassa di soggiorno
télécarte scheda telefonica
téléphérique funivia f
téléphone telefono m
téléphoner telefonare
télésiège seggiovia f
télévision televisione f
temps tempo m
tenir tenere
tente tenda f
terminus capolinea m
terrain de golf
campo da golf
terrasse terrazza f
tête  testa f
théâtre teatro m
thé tè m
thermomètre medical
termometro m
tiers terzo m
timbre-poste francobollo m
tire-bouchon cavatappi m
tirer tirare
tissu tessuto m
tomate pomodoro m
ton, ta, tuo, tua
toucher toccare

toujours sempre
tour giro m, torre f
tout tutto(a)
tout de suite subito
tout droit tutto diritto
train treno m
tranche fetta f
tranquille tranquillo(a)
transport trasporto m
travailler lavorare
traverser attraversare
trop troppo
trouver trovare
trouver ( se) trovarsi
**U**
urgence emergenza f
urgent urgente
utiliser usare
**V**
vacances vacanze f pl
valable valido(a)
valise valigia f
vanille vaniglia f
veau vitello m
vendre vendere
venir venire
vent vento m
vente vendita f
vente de billets
vendita dei biglietti
ventilateur ventilatore m
véritable vero(a)
verre bicchiere m
verser versare
vert verde

veste giacca f
viande carne f
village villaggio m
ville città f
vin vino m
vin blanc vino bianco
vin rouge vino rosso
vinaigre aceto m
visage viso m
visite visita f
visite guidée visita guidata
visiter visitare
vitesse velocità f
vitrine vetrina f
vivre vivere
vœux auguri m pl
voir vedere
vol volo, furto m
voler rubare
volet imposta f
volontiers volentieri
voltage voltaggio m
vouloir volere
voyage viaggio m
voyager viaggiare
vue vista f
**W**
wagon couchettes
carrozza f cuccette
wagon-lit vagone letto
wagon-restaurant
vagone ristorante
**Y**
y ci
yaourt yogurt m

## Du même auteur

Costanza, Wolfgang         Italienisch in 10 Tagen
                           Sprachkurs mit einer
                           neuen Lernmethode
                           Verlag: Books on
                           Demand
                           Norderstedt
                           2010
                           ISBN:
                           978-8391-4660-0

Constance, Wolfgang        Französisch Anfänger-
                           Sprachkurs: Mit der
                           A-Methode in 10 Tagen
                           zum Erfolg
                           Verlag: Books on
                           Demand
                           Norderstedt
                           2011
                           ISBN:
                           978-3-8423-5033-5